그림 보고 쉽게 외우는 8급 한자 50자

 日 날 일

 月 달 월

  火 불 화

水 물 수

 木 나무 목

 金 쇠 금

 土 흙 토

 外 바깥 외

 寸 마디 촌

 長 긴 장

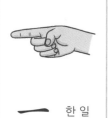 一 한 일

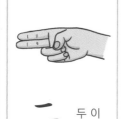 二 두 이

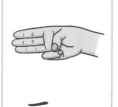 三 석 삼

 四 넉 사

 五 다섯 오

 六 여섯 륙

 七 일곱 칠

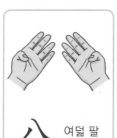 八 여덟 팔

 九 아홉 구

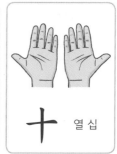 十 열 십

 東 동녘 동

 西 서녘 서

 南 남녘 남

 北 북녘 북

 小 작을 소

3

 門 문 문

 山 메 산

 中 가운데 중

 靑 푸를 청

 白 흰 백

 父 아비 부

 母 어미 모

 兄 형 형

 弟 아우 제

 先 먼저 선

 生 날 생

 學 배울 학

 校 학교 교

 敎 가르칠 교

 室 집 실

 大 큰 대

 韓 한국 한

 民 백성 민

 國 나라 국

 軍 군사 군

 人 사람 인

 萬 일만 만

 年 해 년

 女 여자 녀

 王 임금 왕

 入 들 입

 內 안 내

 天 하늘 천

 夫 지아비 부

 立 설 립

 文 글월 문

 花 꽃 화

 便 편할 편

 邑 고을 읍

 色 빛 색

 子 아들 자

 字 글자 자

 老 늙을 로

 孝 효도 효

 安 편안 안

 姓 성 성

 每 매양 매

 海 바다 해

 祖 할아비 조

 漢 한수 한

 口 입 구

 問 물을 문

 命 목숨 명

 歌 노래 가

 同 한가지 동

洞 골 동

活 살 활

話 말씀 화

語 말씀 어

記 기록할 기

直 곧을 직

植 심을 식

自 스스로 자

面 낯 면

道 길 도

前 앞 전

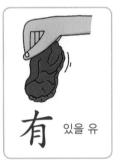
有 있을 유

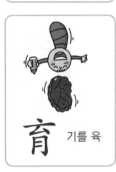
育 기를 육

心 마음 심

食 먹을 식

左 왼 좌

右 오른 우

手 손 수

事 일 사

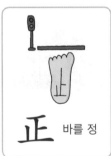
正 바를 정

足 발 족

登 오를 등

後 뒤 후

夏 여름 하

冬 겨울 동

 夕 저녁 석

 名 이름 명

 上 윗 상

 下 아래 하

 地 땅 지

 電 번개 전

 川 내 천

 世 인간 세

 百 일백 백

 千 일천 천

 時 때 시

 間 사이 간

 草 풀 초

 場 마당 장

 春 봄 춘

 農 농사 농

 午 낮 오

 物 물건 물

 家 집 가

然 그럴 연

 休 쉴 휴

 村 마을 촌

 林 수풀 림

 來 올 래

 秋 가을 추

 氣 기운 기

 不 아닐 불

 平 평평할 평

 出 날 출

 少 적을 소

 工 장인 공

 空 빌 공

 江 강 강

 所 바 소

 力 힘 력

 男 사내 남

 方 모 방

 旗 기 기

車 수레 차

 紙 종이 지

 主 주인 주

 住 살 주

 市 저자 시

 里 마을 리

 重 무거울 중

 動 움직일 동

 全 온전 전

 答 대답 답

 算 셈 산

 數 셈 수

 太 클 태
 交 사귈 교
 言 말씀 언
 信 믿을 신
 訓 가르칠 훈

 讀 읽을 독
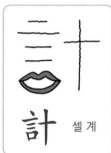 計 셀 계
 音 소리 음
 意 뜻 의
 章 글 장

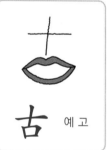 古 예 고
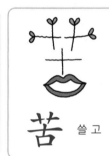 苦 쓸 고
 書 글 서
 晝 낮 주
 畫 그림 화

 圖 그림 도
 急 급할 급
 級 등급 급
 服 옷 복
 發 쏠 발

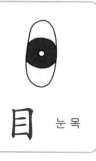 目 눈 목
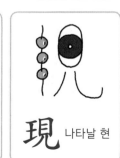 現 나타날 현
 行 다닐 행
 術 재주 술
 各 각각 각

9

 路 길 로

 愛 사랑 애

 庭 뜰 정

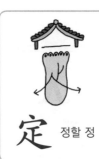 定 정할 정

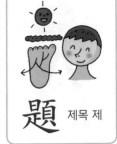 題 제목 제

 作 지을 작

 昨 어제 작

 根 뿌리 근

 銀 은 은

 頭 머리 두

 短 짧을 단

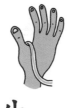 失 잃을 실

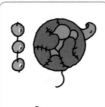 球 공 구

 公 공평할 공

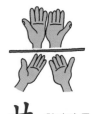 共 한가지 공

 病 병 병

 醫 의원 의

 死 죽을 사

 例 법식 례

 始 비로소 시

 飮 마실 음

 身 몸 신

 者 놈 자

 使 하여금 사

 號 이름 호

 本 근본 본

 朴 성씨 박

 果 실과 과

 樹 나무 수

 由 말미암을 유

 油 기름 유

 新 새 신

 親 친할 친

 速 빠를 속

 近 가까울 근

 李 오얏 리

 陽 볕 양

 郡 고을 군

 部 떼 부

 才 재주 재

 在 있을 재

 利 이할 리

 和 화할 화

 科 과목 과

 米 쌀 미

 童 아이 동

 理 다스릴 리

 野 들 야

 界 지경 계

 淸 맑을 청

 綠 푸를 록

 英 꽃부리 영

 永 길 영

 注 부을 주

 溫 따뜻할 온

 光 빛 광

 明 밝을 명

 朝 아침 조

 夜 밤 야

 石 돌 석

 反 돌이킬 반

 黃 누를 황

 雪 눈 설

 半 반 반

 班 나눌 반

 洋 큰 바다 양

 美 아름다울 미

 集 모을 집

 多 많을 다

 習 익힐 습

 弱 약할 약

 角 뿔 각

 番 차례 번

 風 바람 풍

 窓 창 창

 衣 옷 의

 表 겉 표

 遠 멀 원

 園 동산 원

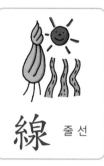 線 줄 선

 孫 손자 손

 合 합할 합

 會 모일 회

 今 이제 금

 區 구분할 구

 京 서울 경

 高 높을 고

 向 향할 향

 堂 집 당

 席 자리 석

 度 법도 도

 社 모일 사

 神 귀신 신

 禮 예도 례

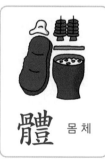 體 몸 체

 代 대신할 대

 式 법 식

 成 이룰 성

 感 느낄 감

 戰 싸움 전

 勝 이길 승

 分 나눌 분

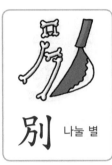 別 나눌 별

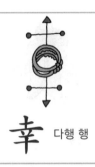 幸 다행 행

 形 모양 형

 用 쓸 용

 通 통할 통

 勇 날랠 용

 功 공 공

 強 강할 강

 第 차례 제

 放 놓을 방

 族 겨레 족

 業 업 업

 對 대할 대

 聞 들을 문

 開 열 개

 待 기다릴 대

 特 특별할 특

 等 무리 등

 運 옮길 운

 省 살필 성

 消 사라질 소

 樂 즐길 락

 藥 약 약

[1~10] 다음 글을 읽고 ( ) 안의 한자의 독음(讀音: 읽는 소리)을 쓰세요.

〈보기〉　(音) → 음

1. 우리 (學)
2. (校)에서는
3. 이번 (金)요
4. (日) 오후에
5. (四)
6. 학(年)
7. 학(父)
8. (母) 간담회를
9. 담임 (先)
10. (生)님별로 열 예정입니다.

[11~20] 다음 훈(訓: 뜻)이나 음(音: 소리)에 알맞은 한자를 〈보기〉에서 찾아 그 번호를 쓰세요.

〈보기〉
① 室　② 女　③ 五　④ 門
⑤ 東　⑥ 萬　⑦ 小　⑧ 木
⑨ 八　⑩ 軍

11. 여덟
12. 목

13. 군사
14. 문
15. 동녘
16. 다섯
17. 집
18. 일만
19. 작다
20. 녀

[21~30] 다음 밑줄 친 말에 해당하는 한자를 〈보기〉에서 찾아 그 번호를 쓰세요.

〈보기〉
① 白　② 外　③ 中　④ 母
⑤ 北　⑥ 七　⑦ 火　⑧ 水
⑨ 王　⑩ 長

21. 아궁이에 불을 피웠습니다.
22. 선조 임금 때 임진왜란이 일어났습니다.
23. 탁자 가운데에 꽃병이 있습니다.
24. 소이의 피부는 하얀 눈처럼 흽니다.
25. 일요일마다 화분에 물을 줍니다.
26. 민기는 긴 눈썹을 가졌습니다.
27. 휴전선 북쪽에 우리 민족이 살고 있습니다.

28. 바깥 날씨가 따뜻합니다.

29. 셋에 넷을 더하면 일곱입니다.

30. 어머니와 시장에 갑니다.

[31~40] 다음 한자의 훈(訓: 뜻)과 음(音: 소리)을 쓰세요.

<보기>　　音　→　소리 음

31. 外

32. 山

33. 國

34. 萬

35. 西

36. 長

37. 寸

38. 九

39. 教

40. 民

[41~44] 다음 한자의 훈(訓: 뜻)을 〈보기〉에서 찾아 그 번호를 쓰세요.

<보기>
① 달　　　② 아우
③ 북녘　　④ 먼저

41. 弟

42. 先

43. 月

44. 北

[45~48] 다음 한자의 음(音: 소리)을 〈보기〉에서 찾아 그 번호를 쓰세요.

<보기>　① 문　② 삼　③ 서　④ 형

45. 西

46. 門

47. 兄

48. 三

[49~50] 다음 한자의 진하게 표시한 획은 몇 번째 쓰는지 〈보기〉에서 찾아 그 번호를 쓰세요.

<보기>
① 첫 번째　　　② 두 번째
③ 세 번째　　　④ 네 번째
⑤ 다섯 번째　　⑥ 여섯 번째
⑦ 일곱 번째　　⑧ 여덟 번째
⑨ 아홉 번째　　⑩ 열 번째

49. 弟

50. 青

[1~32] 다음 밑줄 친 한자어의 음(音: 소리)을 쓰세요.

<보기>
漢字 → 한자

1. 토끼가 **所重**한 녹두밭을 망쳐 놓았습니다.

2. 학교 **住所**를 알려주세요.

3. **動物**원에서 엉금엉금 기는 거북을 보았습니다.

4. 언니와 **兄夫**는 잘 어울리는 한 쌍의 부부입니다.

5. 장난을 치다가 **學校**에서 벌을 받았습니다.

6. 저기 오시는 분이 바로 **校長** 선생님이십니다.

7. 그는 노래를 좋아하여 아이돌 **歌手**가 되었습니다.

8. 우리는 한식날 소나무를 **植木**하였습니다.

9. 오빠는 학비를 **自力**으로 마련하였습니다.

10. 저는 일자리를 얻어 **自立**하려고 합니다.

11. 우리집은 샘물을 끌어다가 **食水**로 이용합니다.

12. 저녁 **後食**은 과일이에요.

13. 낯선 **地方**으로 떠나는 여행은 언제나 설렙니다.

14. **農民**에게 토지란 생명과도 같습니다.

15. 자네 **休學** 문제는 차차 생각하기로 하지.

16. **不安**한 밤이 지나고 날이 밝았습니다.

17. 형은 육군에, 나는 **空軍**에 입대할 것입니다.

18. **住民** 센터 방문을 환영합니다.

19. 삼촌은 가구 회사에서 **木工**일을 하십니다.

20. 우리 가족은 **外食**하러 갔습니다.

21. 아버지와 나의 **寸數**는 일촌입니다.

22. 칠월 **七夕**은 견우와 직녀가 만나는 날입니다.

23. 이곳은 수목이 울창한 **山林** 지대입니다.

24. 시장은 상인들과 행인들로 **活氣**가 넘칩니다.

25. **先金**을 내고 물건 배달을 시켰습니다.

26. 경기에 이긴 학생들은 목청껏 **校歌**를 불렀습니다.

27. 수업을 마친 아이들이 재잘거리며 **校門**을 나갑니다.

28. 이 이야기는 **民間**에 널리 알려진것입니다.

29. 이가 너무 아파서 **萬事** 제쳐 놓고병원에 갔습니다.

30. 암행어사는 **王命**을 받들어 지방의 민정을 살핍니다.

31. 우빈이는 **數學**을 좋아합니다.

32. 올해 **天下**장사는 들배지기로 상대를 넘어뜨렸습니다.

36. 安
37. 然
38. 自
39. 前
40. 電
41. 住
42. 草
43. 平
44. 里
45. 命
46. 物
47. 六
48. 育
49. 全
50. 海
51. 歌
52. 金

[33~52] 다음 한자의 훈(訓: 뜻)과 음(音: 소리)을 쓰세요.

〈보기〉 字 → 글자 자

33. 名
34. 北
35. 植

[53~54] 다음 밑줄 친 단어의 한자어를 〈보기〉에서 찾아 그 번호를 쓰세요.

〈보기〉
① 市立　② 空白
③ 答紙　④ 主人

53. 책의 공백에 기록해 두었습니다.

54. 다정이는 제일 먼저 답지를 제출하고 밖으로 나갔습니다.

[55~64] 다음 훈(訓: 뜻)과 음(音: 소리)에 맞는 한자를 〈보기〉에서 찾아 그 번호를 쓰세요.

〈보기〉
① 氣　② 男　③ 內　④ 大
⑤ 道　⑥ 同　⑦ 夫　⑧ 上
⑨ 市　⑩ 重

55. 사내 남
56. 안 내
57. 큰 대
58. 윗 상
59. 저자 시
60. 무거울 중
61. 기운 기
62. 길 도
63. 한가지 동
64. 지아비 부

[65~66] 다음 한자의 상대 또는 반대되는 한자를 〈보기〉에서 찾아 그 번호를 쓰세요.

〈보기〉
① 老　② 右
③ 前　④ 東

65. 左 ↔ (　　)
66. (　　) ↔ 後

[67~68] 다음 뜻에 맞는 한자어를 〈보기〉에서 찾아 그 번호를 쓰세요.

〈보기〉
① 食後　② 少數
③ 育林　④ 直立

67. 밥을 먹고 난 뒤
68. 꼿꼿이 섬

[69~70] 다음 한자의 진하게 표시한 획은 몇 번째 쓰는지 〈보기〉에서 찾아 그 번호를 쓰세요.

〈보기〉
① 첫 번째　② 두 번째
③ 세 번째　④ 네 번째
⑤ 다섯 번째　⑥ 여섯 번째
⑦ 일곱 번째　⑧ 여덟 번째
⑨ 아홉 번째　⑩ 열 번째

69. 物

70. 地

모의 한자능력검정시험

시험 시간 **50분** | 합격 문항 수 **90개 중 63개**

※ 답은 반드시 6급 답안지에 쓰세요.

[1~33] 다음 밑줄 친 한자어의 음(音: 소리)을 쓰세요.

<보기> 漢字 → 한자

1. **強度** 높은 훈련이 이어졌어요.

2. 이곳은 상가를 짓기에 **明堂**입니다.

3. 이 제품을 세계 최초로 **開發**했습니다.

4. **苦樂**을 함께 해 온 좋은 친구예요.

5. **公園**에서 공중도덕을 잘 지켜야해요.

6. 우리는 깊은 대화를 나누며 **交感**하였습니다.

7. 남녀의 **區別**이 없는 옷이에요.

8. 4학년 **代表**로 상을 받았습니다.

9. 이번 시험에는 그래프나 **圖表**를 해석하는 문제가 많이 나왔어요.

10. 상투 들이밀기는 함경도 지방의 **風習**입니다.

11. 야외에서 결혼 **禮式**을 올렸습니다.

12. 공사를 **強行**해서는 안됩니다.

13. 이번 가을 소풍은 **班別**로 가기로 했습니다.

14. 약을 **服用**할 때는 의사와 약사의 지시를 잘 따라야 합니다.

15. 여름에는 냉방 기기 **使用**이 급증합니다.

16. **社會**에서 사람들과 어울려 살아가려면 공중도덕을 잘 지켜야 합니다.

17. 사각형은 네 개의 **線分**으로 둘러싸인 도형입니다.

18. 전쟁 통에 많은 문화재가 **消失**되었습니다.

19. **新聞**에서 새로운 지식을 얻는다고 말했어요.

20. **神童**도 꾸준히 노력해야 훌륭한 인재가 됩니다.

21. 선물로 받은 양초를 **愛用**합니다.

22. **溫度**는 차갑고 따뜻한 정도를 숫자로 나타낸 것입니다.

23. 말만 듣고는 그의 **意向**을 알 수 없었습니다.

24. 여러 사람이 함께 일하는 **作業**은 협력이 중요합니다.

25. 전투에서 세운 공로를 **戰功**이라고 합니다.

26. 그의 취미는 <u>庭園</u> 가꾸기입니다.

27. 환절기에는 <u>體溫</u> 조절을 잘해야 합니다.

28. 급행열차의 <u>特等</u>실을 타게 되었습니다.

29. 모든 사람은 <u>平等</u>합니다.

30. 항해사는 출항하기 전에 <u>風向</u>을 살폈습니다.

31. <u>幸運</u>을 바라지 말고 자기 실력을 길러야 합니다.

32. 이 기쁨은 무어라 <u>形言</u>하기 어려워요.

33. 양국은 <u>休戰</u>에 합의하고 군대를 철수시켰습니다.

39. 業
40. 運
41. 戰
42. 感
43. 強
44. 高
45. 區
46. 今
47. 樂
48. 別
49. 式
50. 神
51. 園
52. 遠
53. 特
54. 合
55. 向

[34~55] 다음 한자의 훈(訓: 뜻)과 음(音: 소리)을 쓰세요.

〈보기〉 字 → 글자 자

34. 分
35. 成
36. 省
37. 孫
38. 藥

[56~75] 다음 밑줄 친 한자어를 한자로 쓰세요.

〈보기〉 국어 → 國語

56. 가게를 여는 시간은 <u>오전</u> 9시입니다.

57. 그는 자신의 <u>소년</u> 시절을 회상했어요.

58. 바다 속을 <u>수중</u> 카메라로 촬영해요.

59. 그들은 사이좋은 <u>형제</u>예요.

60. 우리는 황무지를 비옥한 <u>농토</u>로 만들었습니다.

61. <u>유색</u> 인종을 차별해서는 안 됩니다.

62. 거기에는 다 쓰러져가는 <u>초가</u> 한 채만 남아 있었습니다.

63. 이 제품은 모두 <u>안심</u>하고 사용하셔도 됩니다.

64. <u>세간</u>의 비난을 받는 지도자가 되어서는 안 됩니다.

65. 요즘은 밥 먹을 <u>시간</u>도 없이 바빠요.

66. 인간은 사회적 <u>동물</u>입니다.

67. 영화가 끝난 후 <u>출구</u>가 좁아서 사람이 밀렸습니다.

68. 가야는 왕 없이 아홉 명의 <u>촌장</u>이 나라를 다스렸습니다.

69. 그 해의 첫 달을 <u>정월</u>이라고 합니다.

70. 적군이 <u>백기</u>를 들고 항복했습니다.

71. 수목원에서 아름다운 <u>자연</u>을 느끼시기 바랍니다.

72. 일을 하는 데는 <u>선후</u>가 있습니다.

73. <u>동기</u>간에 서로 사이좋게 지내야 합니다.

74. 이 땅에는 <u>선조</u>들이 남긴 귀중한 유산이 많이 있습니다.

75. 이 건물은 이제 우리 도시의 <u>명물</u>로 자리 잡을 것입니다.

[76~78] 다음 한자의 반대 또는 상대되는 글자를 골라 그 번호를 쓰세요.

76. 古: ① 京 ② 今 ③ 苦 ④ 共

77. 高: ① 角 ② 車 ③ 下 ④ 公

78. 消: ① 現 ② 親 ③ 洋 ④ 術

[79~80] 다음 한자와 뜻이 비슷한 한자를 골라 그 번호를 쓰세요.

79. 開: ① 門 ② 合 ③ 聞 ④ 始

80. 衣: ① 美 ② 服 ③ 冬 ④ 雪

[81~83] 다음 ( ) 안에 알맞은 한자를 <보기>에서 찾아 그 번호를 쓰세요.

<보기>
① 放　② 多　③ 形　④ 孫
⑤ 感　⑥ 堂　⑦ 遠　⑧ 番

81. 千萬(　)幸 : 아주 다행함.

82. 不(　)千里 : 천리 길도 멀다고 여기지 않는다.

83. 代代(　)孫 : 오래도록 내려오는 여러 대

[84~85] 다음 중 소리(音)는 같으나 뜻(訓)이 다른 한자를 골라 그 번호를 쓰세요.

84. 園 : ① 油　② 遠　③ 業　④ 永

85. 弱 : ① 藥　② 衣　③ 意　④ 直

[86~87] 다음 뜻에 맞는 한자어를 <보기>에서 찾아 그 번호를 쓰세요.

<보기>
① 雪風　② 體重　③ 空席
④ 特定　⑤ 短身　⑥ 速記

86. 몸무게

87. 특별히 지정함

[88~90] 다음 한자의 짙게 표시한 획은 몇 번째 쓰는 획인지 <보기>에서 찾아 그 번호를 쓰세요.

<보기>
① 첫 번째　　② 두 번째
③ 세 번째　　④ 네 번째
⑤ 다섯 번째　⑥ 여섯 번째
⑦ 일곱 번째　⑧ 여덟 번째
⑨ 아홉 번째　⑩ 열 번째

88.  朝

89. 勝

90. 旗

23

모의 한자능력검정시험 정답

8급 모의 한자능력검정시험   15쪽

1. 학	2. 교	3. 금	4. 일
5. 사	6. 년	7. 부	8. 모
9. 선	10. 생	11. ⑨ 八	12. ⑧ 木
13. ⑩ 軍	14. ④ 門	15. ⑤ 東	16. ③ 五
17. ① 室	18. ⑥ 萬	19. ⑦ 小	20. ② 女
21. ⑦ 火	22. ⑨ 王	23. ③ 中	24. ① 白
25. ⑧ 水	26. ⑩ 長	27. ⑤ 北	28. ② 外
29. ⑥ 七	30. ④ 母	31. 바깥 외	32. 메 산
33. 나라 국	34. 일만 만	35. 서녘 서	36. 긴 장
37. 마디 촌	38. 아홉 구	39. 가르칠 교	40. 백성 민
41. ② 아우	42. ④ 먼저	43. ① 달	44. ③ 북녘
45. ③ 서	46. ① 문	47. ④ 형	48. ② 삼
49. ⑥ 여섯 번째		50. ④ 네 번째	

7급 모의 한자능력검정시험   17쪽

1. 소중	2. 주소	3. 동물	4. 형부
5. 학교	6. 교장	7. 가수	8. 식목
9. 자력	10. 자립	11. 식수	12. 후식
13. 지방	14. 농민	15. 휴학	16. 불안
17. 공군	18. 주민	19. 목공	20. 외식
21. 촌수	22. 칠석	23. 산림	24. 활기
25. 선금	26. 교가	27. 교문	28. 민간
29. 만사	30. 왕명	31. 수학	32. 천하
33. 이름 명	34. 북녘 북	35. 심을 식	
36. 편안 안	37. 그럴 연	38. 스스로 자	
39. 앞 전	40. 번개 전	41. 살 주	
42. 풀 초	43. 평평할 평	44. 마을 리	
45. 목숨 명	46. 물건 물	47. 여섯 육	
48. 기를 육	49. 온전 전	50. 바다 해	
51. 노래 가	52. 쇠 금 ㅣ성 김		
53. ② 空白	54. ③ 答紙	55. ② 男	56. ③ 內
57. ④ 大	58. ⑧ 上	59. ⑨ 市	60. ⑩ 重

6급 모의 한자능력검정시험   20쪽

61. ① 氣	62. ⑤ 道	63. ⑥ 同	64. ⑦ 夫
65. ② 右	66. ③ 前	67. ① 食後	68. ④ 直立
69. ⑥ 여섯 번째		70. ⑤ 다섯 번째	

1. 강도	2. 명당	3. 개발	4. 고락
5. 공원	6. 교감	7. 구별	8. 대표
9. 도표	10. 풍습	11. 예식	12. 강행
13. 반별	14. 복용	15. 사용	16. 사회
17. 선분	18. 소실	19. 신문	20. 신동
21. 애용	22. 온도	23. 의향	24. 작업
25. 전공	26. 정원	27. 체온	28. 특등
29. 평등	30. 풍향	31. 행운	32. 형언
33. 휴전	34. 나눌 분	35. 이룰 성	
36. 살필 성ㅣ덜 생		37. 손자 손	38. 약 약
39. 업 업	40. 옮길 운	41. 싸움 전	
42. 느낄 감	43. 강할 강	44. 높을 고	
45. 구분할 구ㅣ지경 구		46. 이제 금	
47. 즐길 락ㅣ노래 악ㅣ좋아할 요			
48. 다를 별ㅣ나눌 별		49. 법 식	50. 귀신 신
51. 동산 원	52. 멀 원	53. 특별할 특	
54. 합할 합	55. 향할 향	56. 午前	
57. 少年	58. 水中	59. 兄弟	60. 農土
61. 有色	62. 草家	63. 安心	64. 世間
65. 時間	66. 動物	67. 出口	68. 村長
69. 正月	70. 白旗	71. 自然	72. 先後
73. 同期	74. 先祖	75. 名物	76. ② 今
77. ③ 下	78. ① 現	79. ④ 始	
80. ② 服	81. ② 多	82. ⑦ 遠	
83. ④ 孫	84. ② 遠	85. ① 藥	
86. ② 體重	87. ④ 特定		
88. ⑤ 다섯 번째		89. ⑧ 여덟 번째	
90. ⑦ 일곱 번째			

수험번호 ☐☐☐-☐☐-☐☐☐☐   성명 ☐☐☐☐☐

생년월일 ☐☐☐☐☐☐ ※ 주민등록번호 앞 6자리 숫자를 기입하십시오.   ※ 성명은 한글로 작성
※ 필기구는 검정색 볼펜만 가능

※ 답안지는 컴퓨터로 처리되므로 구기거나 더럽히지 마시고, 정답 칸 안에만 쓰십시오.
　글씨가 채점란으로 들어오면 오답 처리가 됩니다.

8급　모의 한자능력검정시험 답안지(1) (시험시간:50분)

번호	정답 (답안란)	1검	2검	번호	정답 (답안란)	1검	2검
1				13			
2				14			
3				15			
4				16			
5				17			
6				18			
7				19			
8				20			
9				21			
10				22			
11				23			
12				24			

감독위원	채점위원(1)		채점위원(2)		채점위원(3)	
(서명)	(득점)	(서명)	(득점)	(서명)	(득점)	(서명)

※ 뒷면으로 이어짐 ■

※ 답안지는 컴퓨터로 처리되므로 구기거나 더럽히지 마시고, 정답 칸 안에만 쓰십시오. 글씨가 채점란으로 들어오면 오답처리가 됩니다.

8급 모의 한자능력검정시험 답안지(2) (시험시간:50분)

번호	정답	1검	2검	번호	정답	1검	2검
25				38			
26				39			
27				40			
28				41			
29				42			
30				43			
31				44			
32				45			
33				46			
34				47			
35				48			
36				49			
37				50			

수험번호 □□□-□□-□□□□   성명 □□□□□

생년월일 □□□□□□ ※ 주민등록번호 앞 6자리 숫자를 기입하십시오.

※ 성명은 한글로 작성
※ 필기구는 검정색 볼펜만 가능

※ 답안지는 컴퓨터로 처리되므로 구기거나 더럽히지 마시고, 정답 칸 안에만 쓰십시오.
  글씨가 채점란으로 들어오면 오답 처리 됩니다.

7급   모의 한자능력검정시험 답안지(1) (시험시간:50분)

번호	정답 (답안란)	1검	2검	번호	정답 (답안란)	1검	2검	번호	정답 (답안란)	1검	2검
1				12				23			
2				13				24			
3				14				25			
4				15				26			
5				16				27			
6				17				28			
7				18				29			
8				19				30			
9				20				31			
10				21				32			
11				22				33			

감독위원	채점위원(1)		채점위원(2)		채점위원(3)	
(서명)	(득점)	(서명)	(득점)	(서명)	(득점)	(서명)

※ 뒷면으로 이어짐 ■

7급 모의 한자능력검정시험 답안지(2) (시험시간:50분)

답안란		채점란		답안란		채점란		답안란		채점란	
번호	정답	1검	2검	번호	정답	1검	2검	번호		1검	2검
34				47				60			
35				48				61			
36				49				62			
37				50				63			
38				51				64			
39				52				65			
40				53				66			
41				54				67			
42				55				68			
43				56				69			
44				57				70			
45				58							
46				59							

수험번호 □□□-□□-□□□□　　　　성명 □□□□□

생년월일 □□□□□□ ※ 주민등록번호 앞 6자리 숫자를 기입하십시오.

※ 성명은 한글로 작성
※ 필기구는 검정색 볼펜만 가능

※ 답안지는 컴퓨터로 처리되므로 구기거나 더럽히지 마시고, 정답 칸 안에만 쓰십시오.
　글씨가 채점란으로 들어오면 오답 처리됩니다.

6급 모의 한자능력검정시험 답안지(1) (시험시간:50분)

번호	정답	1검	2검	번호	정답	1검	2검	번호	정답	1검	2검
1				15				29			
2				16				30			
3				17				31			
4				18				32			
5				19				33			
6				20				34			
7				21				35			
8				22				36			
9				23				37			
10				24				38			
11				25				39			
12				26				40			
13				27				41			
14				28				42			

감독위원	채점위원(1)		채점위원(2)		채점위원(3)	
(서명)	(득점)	(서명)	(득점)	(서명)	(득점)	(서명)

※ 뒷면으로 이어짐 ■

6급 모의 한자능력검정시험 답안지(2) (시험시간:50분)

번호	정답	1검	2검	번호	정답	1검	2검	번호		1검	2검
	답안란	채점란			답안란	채점란			답안란	채점란	
43				59				75			
44				60				76			
45				61				77			
46				62				78			
47				63				79			
48				64				80			
49				65				81			
50				66				82			
51				67				83			
52				68				84			
53				69				85			
54				70				86			
55				71				87			
56				72				88			
57				73				89			
58				74				90			

■